Schön, dass wir uns kennen lernen

Und wie heißt du?

Ich bin Maxi Maus und helfe dir beim Lernen.

Zusammen wiederholen wir, was du in der Schule gelernt hast. Die vielen abwechslungsreichen Übungen machen dir bestimmt Spaß!
Am Ende des Heftes bist du dann sicher fit für einen kleinen Test.

Du findest auf jeder Doppelseite eine kleine Überraschung in den roten Dreiecken.
Auf Seite 32 erfährst du, was du damit machen kannst.

Achte im Heft auf dieses Zeichen:

 *Hier gebe ich dir wichtige Tipps.*

Viel Spaß und Erfolg!

Dein Maxi Maus

So kannst du auch sagen

Namenwort	– Hauptwort, Nomen, Substantiv
Tunwort	– Zeitwort, Tätigkeitswort, Verb
Wiewort	– Eigenschaftswort, Adjektiv
Begleiter	– Geschlechtswort, Artikel

Der Bastelnachmittag

Lesehilfen

Jan, Tina und Anja sind eifrig beim Basteln.
Sie wollen Anjas Zimmer schmücken.

1 Lies dir den Text genau durch. Der Tipp hilft dir.

Die Kinder haben einen **Bastelnachmittag** geplant. Sie wollen **Fensterschmuck** basteln. Viele bunte **Schmetterlinge** haben sie schon ausgeschnitten. Anja holt neues Papier, damit sie noch mehr Schmuck basteln können. Sie möchte gerne **Papierblumen** ausschneiden. Tina ist begeistert. Auch Jan findet die Idee großartig. Jetzt will auch er sein **Kinderzimmer** schmücken. Tina schlägt vor: „Es macht so viel Spaß. Für dich basteln wir einfach nächste Woche tollen Schmuck.“

Tipp:

Lange Wörter kannst du besser lesen, wenn du Silbe für Silbe liest: z. B. Autorennfahrer.

2 Lies den Text laut. Schreibe die fett gedruckten Wörter auf und setze die Bögen zur Silbentrennung.

3 Lies die folgenden Wörter Silbe für Silbe. Die Silben markierst du mit senkrechten Strichen, z. B. Au|to.

Schwimmabzeichen   Bauernhoftiere

Zirkusaufführung   Stofftiersammlung

4 Im Text gibt es zwei einsilbige Namenwörter. Findest du sie? Schreibe sie mit Begleiter auf.

5 Lies den Text von Seite 2 noch einmal. Decke ihn ab und kreise die richtige Antwort ein.

Die Kinder basteln Tischschmuck.	Ja	Nein
Anja bastelt die Papierblumen.	Ja	Nein
Sie basteln heute Schmuck für Jan.	Ja	Nein
Die Schmetterlinge sind einfarbig.	Ja	Nein

6 Lies einen Text aus einem Buch und trenne schwierige Wörter nach Silben. Benutze dazu einen Bleistift.

Im Blumenladen

Wörter lesen

Anja hilft heute ihrer Mutter im Blumenladen.
Sie topft ein paar Blumen ein.

1 Lies dir den Text genau durch. Der Tipp hilft dir.

Letzte Woche hatte Frau Beutner sehr viel zu tun. Sie konnte sich deshalb kaum um ihre Tochter Anja kümmern. Deshalb hilft Anja ihrer Mutter nun im Laden. Dazu muss sie nur eine Treppe hinuntergehen, denn der Blumenladen liegt im Erdgeschoss ihres Hauses. Anja hat schon oft im Laden ausgeholfen und dabei kleinere Arbeiten erledigt. Es macht ihr viel Freude mit Blumen zu arbeiten. Aber ihre Lieblingsblumen kann man hier nicht kaufen: Schlüsselblumen. Deshalb ist sie fest davon überzeugt, dass sie eines Tages auch ein Blumengeschäft haben wird. Und in diesem kann man natürlich Schlüsselblumen kaufen.

Tipp:

Wenn du ein langes Wort lesen möchtest, hilft dir ein Lineal. Decke einen Teil des Wortes ab und verschiebe das Lineal während des Lesens langsam nach rechts.

2 Wie heißen die Blumen aus dem Blumenladen?

Rose, Tulpe, Nelke

3 Durch das Ab- und Aufbauen von Wörtern kannst du deren Sinn verändern. Verwandle die anderen Wörter.

Topf	**Rasen**	**Nixe**	**Erde**
Top			
To			
T			
Tu			
Tul			
Tulp			
Tulpe	**Rose**	**Nelke**	**Erbse**

Rase	Nix	Erd
Ras	Ni	Er
Ra	N	E
R	Ne	Er
Ro	Nel	Erb
Ros	Nelk	Erbs

4 Ein Wort ist jeweils anders. Findest du es?

Rosen, Rosen, Rosen, Rasen, Rosen, Rosen

Lilie, Lilli, Lilie , Lilie, Lilie, Lilie, Lilie, Lilie, Lilie

Klee, Klee, Klee, Klee, Kleie, Klee, Klee, Klee

Rasen, Lilli, Kleie

5 Lies die Wörter. Benutze dazu ein Lineal.

Blumen	Mutter	Papier
Blumentopf	Muttertag	Einpackpapier
Blumentopferde	Muttertagsstrauß	Blumeneinpackpapier

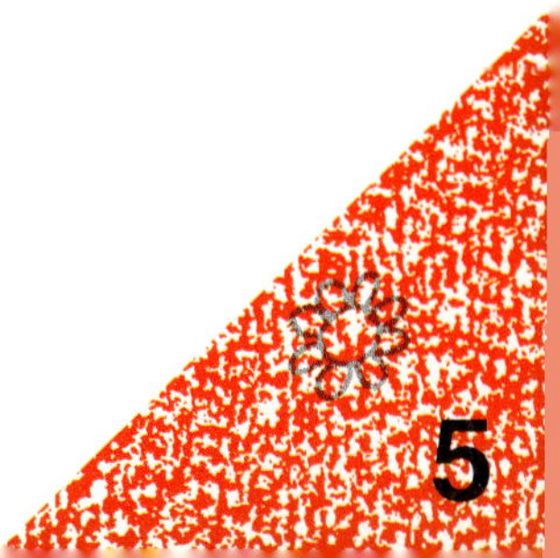

Am Bach

Sätze lesen

Jan macht mit seiner Klasse eine Wanderung.
Am Bach legen sie eine Pause ein.

1 Lies dir den Text genau durch. Der Tipp hilft dir.

Jan und seine Klassenkameraden machen einen Ausflug. Bereits die ganzen vergangenen Tage haben sich die Kinder auf diese Wanderung gefreut. Mit ihrer Klassenlehrerin haben sie dafür einige Boote aus Papier gebastelt. Diese wollen sie nun auf dem Wasser fahren lassen. Jan zieht kurzerhand seine Schuhe aus. Anschließend krempelt er noch seine Hose hoch und schon stellt er sich ins Wasser. Er setzt sehr vorsichtig Boot für Boot hinein. Die Kinder sind sehr zufrieden und genießen den schönen Anblick. Der ganze Fluss ist nun sehr bunt. Es sieht aus wie bei einer Regatta.

Tipp:

Lange Sätze kannst du leichter lesen, wenn du die Sätze unterteilst. Lies erst einzelne Stücke und dann den ganzen Satz zusammen.

2 Ergänze die Sätze. Lies im Text auf Seite 6 nach.

(Lösung: vergangenen, Schuhe, Boot für Boot, Regatta)

Bereits die ganzen ____________ Tage haben sich die Kinder auf die Wanderung gefreut. Jan zieht kurzerhand seine ____________ aus. Er setzt sehr vorsichtig ____________ hinein. Es sieht aus wie bei einer ____________.

3 Lies die Sätze und schreibe sie vollständig auf.

Die Kinder machen an der Grillstelle ein Lagerfeuer

____

Stefan wirft Steine ins Wasser

____

Tina und Jan bauen einen Staudamm

____

(Lösung: Die Kinder machen an der Grillstelle ein Lagerfeuer. Stefan wirft Steine ins Wasser. Tina und Jan bauen einen Staudamm.)

4 Lies die Sätze und werde dabei immer schneller.

Jan bastelt.
Jan bastelt ein Boot.
Jan bastelt ein Boot aus Papier.
Jan bastelt ein Boot aus Papier in der Schule.

5 Setze die Satzpyramide fort. Probiere es auch mit anderen Sätzen auf einem extra Blatt Papier.

Anja grillt.
Anja grillt ihre ____________
Anja grillt ihre ______________________________
Anja grillt ihre ______________________________
____

(Lösung: Eine Möglichkeit: Anja grillt ihre Wurst. Anja grillt ihre Wurst über dem Feuer. Anja grillt ihre Wurst über dem Feuer mit einem Stock.)

In der Zoohandlung

Optische Wahrnehmung schulen

Jan geht in die Zoohandlung und sieht sich viele verschiedene Tiere an.

1 Lies dir den Text gut durch. Zwei Sätze sind seltsam. Kannst du sie entziffern? Schreibe sie jeweils auf die Linie. Lies den Text noch einmal laut.

Zuerst kann Jan sich nicht entscheiden, welches Tier er kaufen soll. Doch dann freundet er sich mit einem Hasen an. Er kauft ihn und nennt ihn Frieda. Zusammen mit dem Hasen geht er dann nach Hause. Erkümm erts ichs ehrliebe vol lumi hn.

Spät erkau fte ri nd erZo ohan dlu ngnoc hein igeDin geein.

Er kümmert sich sehr liebevoll um ihn.

Später kauft er in der Zoohandlung noch einige Dinge ein.

Oft nimmt er seinen Hasen auf den Schoß und streichelt ihn. Das gefällt beiden sehr: Jan und seinem Hasen Frieda.

2 Lies die Sätze. Kreise die einzelnen Wörter ein und schreibe die Sätze auf.

Ja nkau ftfür sein enHas enei nenKä fig.

Erb raucht au chn ochStreu. Da mitpols terterd enKä figaus.

Da mitd erHas eetw asz ufr esse nhat, kauf ter ei nenFres snap fun dHa senf utter.

Jan kauft für seinen Hasen einen Käfig.

Er braucht auch noch Streu. Damit polstert er den Käfig aus.

Damit der Hase etwas zu fressen hat, kauft er einen Fressnapf und Hasenfutter.

3 Welche Tiere gibt es noch in der Zoohandlung? Kreise die richtigen Tiere ein.

Fische, Mäuse, Katzen, Vögel, Papageien, Hamster

INDERZOOHANDLUNGKANNSTDUVIELETIE
REKAUFEN.SOGIBTESDORTZUMBEISPIEL
ALLEARTENVONFISCHEN.ABERAUCHMÄUSE,
KATZENODERVÖGELKANNSTDUDORTER
WERBEN.ESGIBTSOGARPAPAGEIENUND
KLEINEHAMSTER.ABERDUKANNSTNICHT
NURTIEREKAUFEN,SONDERNAUCHALL
DAS,WASDUFÜREINERICHTIGEUNDGUTE
PFLEGEFÜRDEINTIERBRAUCHST.

4 Findest du den versteckten Tiernamen? Lies genau.

WWWWWHWWWWAWWWWWWWMWWWWW
WWWWWWWSWWWWWWWWWWTWWWWWW
WWWWWEWWWWWWWRWWWWWWWWWWW

HAMSTER

Zu Hause

Zungenbrecher und Reime

Tina ist bei Anja zu Besuch. Gemeinsam denken sie sich lustige Zungenbrecher aus.

1 Lies die Zungenbrecher mehrmals durch. Der Tipp hilft dir. Wie schnell kannst du sie ohne Fehler lesen?

Es klapperten die Klapperschlangen
bis die Klappern schlapper klangen.

Wenn hinter Fliegen Fliegen fliegen,
fliegen Fliegen Fliegen nach.

Zwischen zwei Zwetschgenbäumen
zwitscherten zwei Schwalben.

Der froschforschende Froschforscher forscht
in der froschforschenden Froschforschung.

Tipp:

Zungenbrecher kannst du leichter lesen, wenn du sie zuerst langsam durchliest. Danach kannst du mit jedem Mal schneller werden.

2 Diese Zungenbrecher sind schwer zu lesen. Stoppe deine schnellste Zeit. Wie schnell schaffst du es?

Fischers Fritze fischt frische Fische,
frische Fische fischt Fischers Fritze.

Zwanzig Zwerge zeigen Handstand,
zehn im Wandschrank, zehn am Sandstrand.

Fischers Fritze fischt frische Fische, frische Fische fischt Fischers Fritze.

Zwanzig Zwerge zeigen Handstand, zehn im Wandschrank, zehn am Sandstrand.

3 Hier hast du Platz für deinen eigenen Zungenbrecher.

____

____

____

4 Hier fehlen die Reimwörter. Trage sie ein und lies laut vor. Betone dabei nicht nur die Reimwörter.

Am Sonntagmorgen ist es nett,
alle liegen lang im ____________.
Papa gähnt, die Mama lacht,
Frühstück wird ganz schnell ____________.

Abends sitzen wir am Tisch,
es gibt einen großen ____________.
Anne findet ihn zu klein.
Der Fisch, der könnte größer ____________.

Moritz ist sehr laut am Klagen,
denn ihm knurrt ganz laut der ____________.
Er hat Hunger, wie man weiß,
deshalb kommt auch gleich sein ____________.

Bett, gemacht

Fisch, sein

Magen, Eis

Endlich Ferien!

Gedichte vortragen

Stefan fährt in den Ferien mit seinen Freunden ans Meer. Heute packt er seinen Koffer. Tina hilft ihm.

1 Für die Postkarten hat Jan ein Gedicht geschrieben. Lies es dir mehrmals laut vor. Der Tipp hilft dir dabei.

Schon um sieben aufgewacht,
ein schöner Tag – die Sonne lacht.
Zum Baden gehen wir heut ans Meer,
da fällt das Aufstehn mir nicht schwer.

Wir packen unsere vielen Sachen,
Badehose, Ball und Drachen,
Picknickkorb und Luftmatratze,
allein daheim bleibt unsere Katze.

Tipp:

Achte beim Vorlesen eines Gedichts auf die Betonung der einzelnen Wörter. Dabei solltest du nicht nur die Reimwörter betonen. Um Wörter hervorzuheben, sollte deine Stimme etwas lauter werden.

2 Lies das Gedicht auf verschiedene Arten:

- abgehackt wie ein Roboter
- ganz schnell ohne Punkt und Komma
- alle Wörter gleich laut
- alle Wörter gleich leise
- mit Betonung

Welche Art gefällt dir am besten?

3 Unterstreiche alle wichtigen und besonderen Wörter, die du betonen möchtest.

4 Lies das Gedicht mehrmals laut. Decke mit einem Papier die rechte Hälfte des Gedichtes ab. Ergänze die Sätze auswendig. Decke danach die linke Hälfte ab und ergänze auswendig die Satzanfänge.

5 Versuche nun dieses Gedicht betont zu lesen.

In den Ferien ist es schön,
niemand muss zur Schule gehn.
Wir können klettern, rennen, schwimmen
oder manchen Berg erklimmen.

Jeden Tag 'nen Ausflug machen,
oder spielen mit den Sachen.
Das Beste ist, das ist ja klar,
viel länger schlafen – wunderbar.

6 Trage eines der zwei Gedichte deinen Eltern vor. Achte dabei auf deutliches Sprechen und Betonung.

Das Theaterstück

Wörtliche Rede

Die Freunde suchen nach alten Kleidern für ihr Theaterstück. Bald ist die große Aufführung.

1 Lies dir den Text gut durch. Der Tipp hilft dir.

Morgen führen die Kinder ihr Theaterstück „Die lustige Hexe“ auf. Die Generalprobe findet auf dem Dachboden statt. Stefan gibt die Regieanweisungen: „Zuerst muss der alte Mann auf die Bühne“, ruft er. „Das habe ich schon wieder vergessen“, seufzt Jan. Er spielt den Mann. Anja ist die Hexe und krächzt mit heiserer Stimme: „Wo hat sich die Prinzessin versteckt?“ Aber die Prinzessin ist noch nicht fertig verkleidet. „Tina“, meckert Stefan, „so werden wir nie fertig.“ Tina beeilt sich und antwortet lachend: „Jetzt kann es losgehen.“

Tipp:

Bei der wörtlichen Rede musst du auf Anweisungen (rufen, lachen, seufzen) und Satzzeichen (? , !) achten. Sie verraten dir, wie du die Aussagen betonen musst.

2 Welche Tunwörter beschreiben die wörtliche Rede? Unterstreiche sie im Text auf Seite 14. Lies den Text noch einmal und betone die wörtliche Rede richtig.

ruft, seufzt, krächzt, meckert, antwortet lachend

3 Setze die richtigen Wörter ein: *fragt, flüstert, schreit, schimpft*. Lies dann laut vor und betone richtig.

Jan ______________: „Leise auf die Bühne kommen."
Anja ______________: „Heute geht aber auch alles schief!"
Tina ______________: „Pass auf Jan! Du zertrittst die Krone!"
Stefan ______________: „Wann komme ich dran?"

flüstert
schimpft
schreit
fragt

4 Kannst du Stefans Rufe und Fragen lesen und auch noch richtig betonen? Tipp: Fange rechts zu lesen an.

?na gnurhüffuA eid tgnäf nnaW
!na mütsoK sad rid heiz, llenhcS
!llafieB rellot nie tsi saD
?nellafeg hcua rid se taH

Wann fängt die Aufführung an?
Schnell, zieh dir das Kostüm an!
Das ist ein toller Beifall!
Hat es dir auch gefallen?

5 Zu welcher Rolle passen die einzelnen Sätze? Schreibe jeweils den richtigen Namen auf und lies die Sätze betont vor.

1. ______________: „Wo sind nur meine Kräuter?"
2. ______________: „Meine Krone hat viele Diamanten."
3. ______________: „Mein Stock ist abgebrochen!"
4. ______________: „Kommt bitte alle auf die Bühne!"

1. Hexe
2. Prinzessin
3. alter Mann
4. Regisseur

6 Lies den Text auf Seite 14. Denk dir für jede Rolle eine passende Stimmlage aus und betone den Text richtig.

Im Kino

Textinhalte erfassen

Anja geht mit ihrer kleinen Schwester und Stefan ins Kino. Sie sind schon sehr gespannt auf den Film.

1 Lies die Filmbeschreibung durch. Der Tipp hilft dir.

Die drei Detektive
Ausgerechnet am Sonntag werden die drei Detektive zu einem rätselhaften Fall gerufen. Bei Frau Hauser wurde eingebrochen. Die Diebe stahlen eine wertvolle Statue aus chinesischem Porzellan. Wie kamen die Diebe in die Villa? Was hat es mit dieser mysteriösen Statue auf sich? Wer sind die beiden Diener Lee und Ganzer? Und was bedeuten die geheimnisvollen Lichtzeichen von der anderen Seite des Sees, die der seltsame Nachbar Herr Barelli gesehen hat? Wieder einmal ein schwieriger Fall für die drei Musterdetektive.

Wer? Die 3 Detektive.
Was ist passiert? Eine wertvolle Statue wurde gestohlen.
Wann? Am Sonntag.
Wo? In der Villa von Frau Hauser.

Tipp:

Stelle dir folgende Fragen, damit du wichtige Informationen aus dem Text entnehmen kannst: Wer? Was ist passiert? Wann? Wo?

2 Setze die Wörter zusammen und schreibe sie auf. Suche sie auch in der Filmbeschreibung.

1. ____________
2. ____________
3. ____________
4. ____________
5. ____________
6. ____________

1. rätselhaft 2. wertvoll
3. mysteriös 4. geheimnisvoll
5. schwierig 6. chinesisch

3 Kannst du die Fragen beantworten?

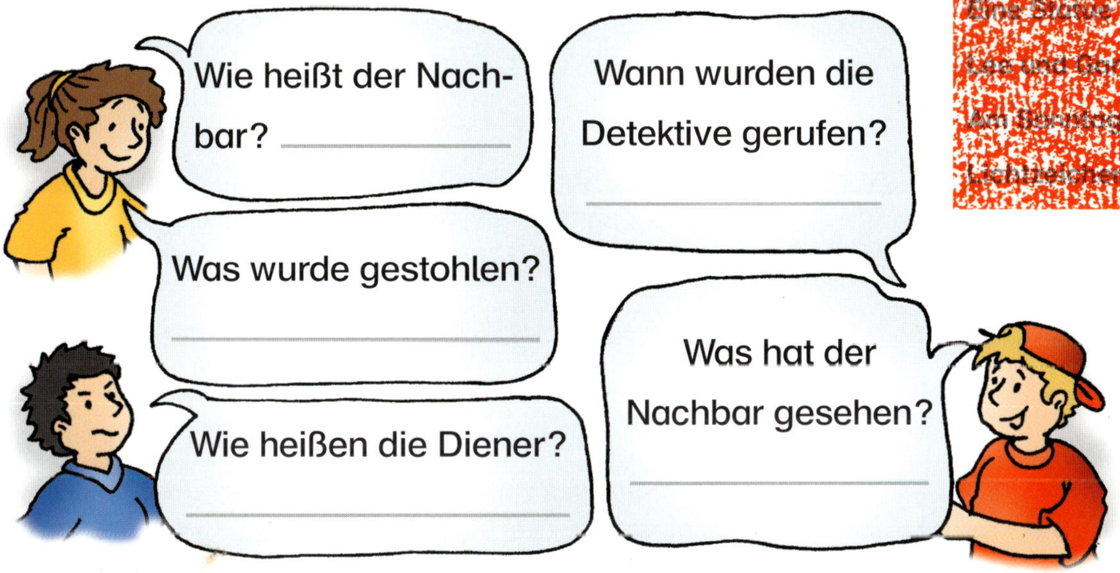

Barelli
Eine Statue
Lee und Ganzer
Am Sonntag
Lichtzeichen

4 Welche Wörter haben sich hier versteckt? Rahme sie ein. Dann kennst du die Lösung des Falles.

ABDLNBIHSKSLFSTATUEKDNFLSLAKFPSLDMÖF

SDFFSOLSDJSDFSDKKJWIJAMGANZERÄEDÖAM

EIGLEENIDHFDFDIEBESKFÖLDFJSHFJSDIEDFSJ

SDFDATFLUCHTDLSDKJFLYÖAMFLBOOTMSKALI

Statue, Ganzer, Lee, Diebe, Fluchi, Boot

Die Statue wurde von den Dienern Ganzer und Lee gestohlen.

Bau eines Drachens

Sachtexte verstehen

Der Drachen fliegt ganz hoch!

Stefan hat ihn selbst gebaut.

1 Lies den Text und unterstreiche wichtige Angaben.

Bauanleitung für einen Drachen:

Material:
- 4 Holzleisten, je 30 cm lang
- fester quadratischer Stoff: 40 cm • 40 cm
- Stoffstreifen zur Verzierung, Hammer, Nägel, Holzleim, Tacker, Drachenschnur

1. 4 Holzleisten zu einem Quadrat zusammenleimen.
2. Den Stoff über das Quadrat spannen und mit einem Tacker oder Nägeln befestigen.
3. In jede Ecke des Rahmens einen Nagel schlagen.
4. An jeden Nagel ein 30 cm langes Stück Drachenschnur knoten. Die 4 Enden miteinander verknoten.
5. Eine langes Stück Drachenschnur an dem Knoten festbinden.
6. Als Verzierung Stoffstreifen an die Ecken kleben.

2 Ergänze die fehlenden Angaben in den Sätzen. Verbinde danach jeweils Frage und Antwort.

2b 3a

1. Die Schnüre an den Ecken des Drachens sollten eine Länge von ______ haben.
2. Für das Quadrat des Drachens braucht man ______ Holzleisten.
3. Das Stoffstück muss ______ cm lang sein.

30 cm

4

40 cm

a) Wie lang muss das Stoffstück sein?

b) Wie viele Holzleisten braucht man?

3 Ordne die Bilder richtig. Der Text auf Seite 18 hilft dir. Tipp: Zwei Bilder sind zu viel.

4, 8, 7, 1, 5, 3
2 und 6 sind falsch.

4 Lies den Text, so schnell du kannst. Welches der beiden Wörter stimmt jeweils?

Für einen Drachen benötigt man | Plastikleisten | Holzleisten |. Außerdem ein wenig | Leim | Farbe |. Um das Gestell aus | Holz | Plastik | spannt man | das Papier | den Stoff |. Außerdem kann man | das Tier | den Drachen | noch mit | Stoffstreifen | Filzflecken | verzieren.

Holzleisten Leim

Holz

den Stoff den Drachen

Stoffstreifen

Das Feuer

Die richtige Reihenfolge erkennen

Es brennt in der Straße, in der Tina und Stefan wohnen. Die Feuerwehr löscht den Brand.

C, D, A, B

1 Ordne die Texte. Die Bilder helfen dir.

A: Die Feuerwehrmänner löschen durch das Fenster und die Tür den Brand. Die Küche ist ganz schwarz vom Rauch und der Herd ist nicht mehr zu retten.

B: Oma Linde lässt die Küche neu streichen. Einen neuen Herd hat sie auch schon gekauft. Gut, dass sonst niemandem etwas passiert ist.

C: Oma Linde hat die Herdplatte angelassen. Diese fängt an zu glühen. Die Zeitung liegt zu dicht am Herd und fängt an zu brennen.

D: Der Rauchmelder im Zimmer schlägt sofort Alarm. Die Feuerwehr wird verständigt und fährt, so schnell es geht, zum Unfallort.

Tipp:

In Bildtexten stehen die wichtigsten Dinge. Oft erhältst du auch Informationen, die kurz vorher oder nachher passiert sind. Lies deshalb den Text genau durch.

2 Lies nochmals die Abschnitte C und D.
Was ist passiert? Trage die fehlenden Wörter ein.

Die ______________ ist an. Sie fängt an zu ______________.
Die __________ liegt am Herd und fängt an zu __________.
Der __________________ schlägt __________________.

Herdplatte, glühen, Zeitung, brennen, Rauchmelder, Alarm

3 Lies die Texte auf Seite 20 und decke sie dann ab.
Umkreise die Wörter, die in den Texten vorkommen.

löschen, Brand, schwarz, Küche, streichen, neu, Herd

SITZENLÖSCHENWASCHENBRANDWEIẞSCHWARZ
TREPPEKÜCHEBADWOHNZIMMERSAUBERGROSS
STREICHENALTTAGNEUPLATZHERDDACHSAGEN

4 Schau dir das Bild an und lies die Stichwörter.
Unterstreiche die Wörter, die zum Bild passen.

Feuer   Kind   Nachbar
lachen   springen   retten
Seil   Feuerwehrmann
Leiter   ängstlich
Wasser   spielen   singen

Feuer
Kind
Wasser
ängstlich
Leiter
Feuerwehrmann
retten

5 Der Feuerwehrmann wird interviewt. Verbinde
die passenden Fragen und Antworten miteinander.

1c, 2a, 3d, 4b

1. Was ist passiert?
2. Ist jemand verletzt?
3. Hatten sie Angst?
4. Ist das Feuer gelöscht?

a) Es wurde niemand verletzt.
b) Ja, das Feuer ist gelöscht.
c) Ein Vorhang fing Feuer.
d) Ich hatte keine große Angst.

Der Brieffreund

Geheimschriften

Stefan hat in den Ferien eine Mail von seinem Freund Marco bekommen.

1 Entziffere die Geheimschrift und versuche die Mail zu lesen. Schaffst du es?

Streiche einfach den ersten Buchstaben jedes Wortes weg und du kannst die Mail lesen.

Nlieber Njan,

nvielen Ndank nfür ndeine Ngeburtstagsgrüße. Nmeinen Ngeburtstag nhabe nich nmit nvielen Nfreunden nin nunserem Nferienhaus nam Nmeer ngefeiert. Nwir nwaren nden nganzen Ntag nin neinem Nboot nauf ndem Nwasser. Nmein nschönstes Ngeschenk nwar neine Nangelausrüstung. Nmein Nonkel Ntimo nhat nuns ngeholfen nsie nauszuprobieren. Nnach nein npaar Nstunden nhaben nwir nvier Nfische ngefangen. Ndie nhaben nwir nabends ngegrillt. Nich nhoffe ndu nhast nauch netwas Ntolles nzu nberichten. Nich nfreue nmich nauf ndeine Nantwort.

Nciao, Nmarco

2 Schreibe selbst einmal einem Freund in dieser Geheimschrift.

3 Lies den Text und mache nach jedem Wort einen Strich.

LIEBERMARCOVIELENDANKFÜRDEINENBRIEFICH
HABEMICHSEHRGEFREUTHASTDUMITDEINER
ANGELDENNNOCHMEHRFISCHEGEFANGENICH
HABEESAUCHEINMALVERSUCHTABERBEIMIR
WOLLTEKEINFISCHANBEISSENDAFÜRLERNEICH
GERADEEINRADFAHRENMEINFREUNDSTEFANWILL
ESMIRBEIBRINGENICHFALLESCHONNICHTMEHR
GANZSOOFTHINWIEZUBEGINNICHFREUEMICH
SCHONAUFANTWORTVONDIRSCHÖNEGRÜSSEJAN

4 Versuche diesen Text zu lesen. Was fällt dir auf?

E	F	E	H	S	W	H
I	L	I		A	A	E
N	O	N	N	H	R	I
	G	E	I			C
M		N	E	E	E	H
A	Ü		M	S	I	.
N	B	T	A		N	
N	E	E	N	E		
	R	I	D	S	S	
		C			C	

Ein Mann flog über einen Teich – niemand sah es – es war ein Scheich.

Die Buchstaben wurden von oben nach unten geschrieben.

5 Dieser Text ist verschlüsselt. Versuche ihn zu lesen.

Aban ebeibinebem sobonnibigeben Tabag labandebetebe abaubuf ebeibineber Wibiebesebe ebeibin Ubufobo. Dibiebe Abaubußeberibirdibischeben stibiebegeben abaubus. Sibiebe labageben deben gabanzeben Tabag abaubuf deber Wibiebesebe. Ibihrebe Habaubutfabarbebe wabar gebenabaubusobo grübün wibiebe dabas Grabas. Habat sibiebe debeshabalb noboch kebeibineber gebesebeheben?

Nach jedem Selbstlaut/Umlaut wurde ein b eingefügt und der Selbstlaut/Umlaut noch einmal wiederholt.

Er heißt z. B. nun Eber.

Streiche die überflüssigen Buchstaben heraus und du kannst den Text lesen.

Beim Arzt

Betontes Lesen

Der Arzt untersucht Tim. Er hat sich erkältet
und nun schlimme Halsschmerzen.

1 Lies dir den Text genau durch. Der Tipp hilft dir.

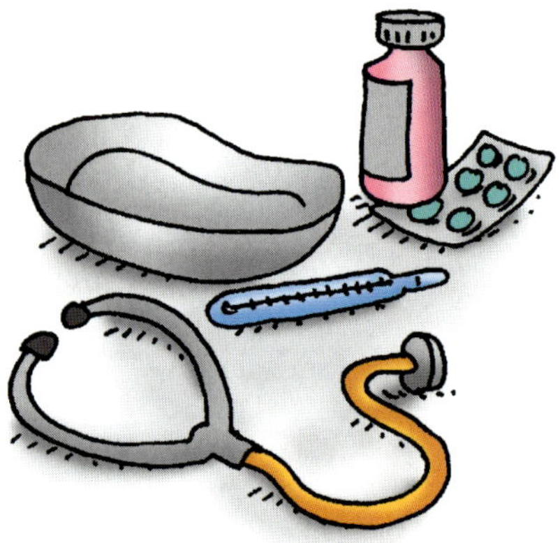

Tim hat sich erkältet. Er ist beim Arzt. Der Arzt ist sehr nett und stellt Tim einige Fragen. „Kratzt dein Hals?“ Tim antwortet: „Ich spüre ihn besonders stark beim Schlucken.“ Der Arzt schaut in Tims Hals. „Hast du auch Schwierigkeiten beim Luftholen?“ Tim nickt. Nun hört der Arzt die Lunge ab. Danach bekommt Tim ein Rezept. „Du bleibst lieber noch zwei Tage zu Hause“, verordnet der Arzt. Tim fragt noch: „Muss ich denn die ganze Zeit im Bett bleiben?“ Der Arzt lacht und schüttelt den Kopf: „Nein, so schlimm bist du nicht erkältet. Aber schonen musst du dich schon ein wenig.“

Tipp:

Satzzeichen solltest du wie folgt betonen:
Bei Fragen sollte deine Stimme am Schluss nach oben gehen. Nach Kommas macht man eine kleine Pause.

2 Unterstreiche die Fragen im Text blau und die Antworten rot. Lies sie nun noch einmal richtig betont.

3 Lies dir die Fragen gut durch. Kommen diese Fragen im Text von Seite 24 vor? Kreuze an.

Tun dir deine Ohren weh?	Ja	Nein	Nein
Hast du Schwierigkeiten beim Luftholen?	Ja	Nein	Ja
Muss ich die ganze Zeit zu Hause bleiben?	Ja	Nein	Nein
Kratzt dein Hals?	Ja	Nein	Ja

4 Betone jeden Satz auf verschiedene Arten (als Frage, Ausruf ...). Welche Person sagt was?

1. Du glaubst wohl ich bin zu alt
2. Du hast deine Hausaufgaben nicht gemacht
3. Meine Puppe ist weg
4. Alles klaro
5. Mein Skateboard ist kaputt
6. Mein Schnauzer gefällt mir nicht mehr

1. Oma 2. Frau 3. Mädchen 4. Cooler Junge 5. Junge 6. Mann

5 Lies dir den Text gut durch. Betone die wörtliche Rede und verstelle deine Stimme bei den einzelnen Figuren.

Im Wartezimmer hustet eine alte Dame: „Mein Hals tut weh. Wann komme ich denn endlich dran?“ Die Arzthelferin beschwichtigt: „Noch einen kleinen Moment. Sie sind die Nächste.“ Der Arzt tritt aus dem Zimmer: „Den Gips musst du drei Wochen tragen.“ „So ein Mist“, schimpft Tim, „ich wollte doch Rad fahren!“

Die Zirkusaufführung

Einzelheiten wahrnehmen

Anja ist heute Nachmittag in einer Zirkusvorstellung. Sie ist ganz begeistert.

1 Lies dir den Text laut durch. Der Tipp hilft dir dabei.

Anja erzählt in der Schule von der Aufführung:
Am besten haben mir die Clowns gefallen. Sie waren lustig angezogen. Sie hatten dicke, rote Nasen, kleine, schwarze Hüte, bunte, weite Hosen, lange Fräcke und viel zu große Schuhe. Sie jonglierten mit vielen bunten Bällen und haben lauter Blödsinn mit dem Publikum getrieben. Der Zirkusdirektor war auch Klasse. Zu seinem schwarzen Anzug trug er einen grauen Zylinder und eine rote Fliege. Sein Hemd und seine Socken hatten dieselbe Farbe – nämlich gelb. Und seine Schuhe waren witzig. Sie hatten die Farben des Regenbogens.

Tipp:

Durch Wiewörter erhältst du einen Eindruck, wie Dinge aussehen oder welche Eigenschaften sie haben. Achte beim Lesen deshalb besonders auf sie.

2 Auf dem Bild siehst du viele Clowns. Welcher hat im Zirkus gearbeitet? Tipp: Auf Seite 26 steht es.

Der zweite von rechts hat im Zirkus gearbeitet.

3 Male die Sachen des Direktors farblich richtig an.

Fliege: rot

Socken und Hemd: gelb

Zylinder: grau

Schuhe: in Regenbogenfarben

4 Umkreise die Wörter, die zum Jongleur passen.

träge mutig Trampolin langsam
geschickt Reifen Zauberstab
Peitsche Bälle Keulen schnell

geschickt, schnell, Bälle, Reifen, Keulen

Das Fahrrad

Beschreibungen verstehen

Jan möchte sich ein neues Fahrrad kaufen.
Beim Frühstück erzählt er von seinem Traumrad.

1 Lies dir den Text genau durch. Der Tipp hilft dir.

Es ist von Ravi, das ist die Marke. Die Gangschaltung hat 21 Gänge. Mit dem Rad wäre ich richtig schnell. Der Rahmen ist gelb-grün gestreift. Am Lenker hat es eine rote, runde Klingel und am Sattel eine schwarze Satteltasche. Vorne und hinten hat es große Leuchten und an den Reifen orange Speichenstrahler. Zusätzlich hat es eine grüne Luftpumpe mit schwarzem Griff und ein rotes Fähnchen mit einem weißen Kreis darauf. Am Gepäckträger kann man Gepäcktaschen befestigen. Es sieht einfach gigantisch aus.

Tipp:

Bei Beschreibungen kann es dir helfen, wichtige Merkmale zu unterstreichen. So kannst du sie dir besser merken.

2 Kannst du diese Sätze lesen? Falls du nicht weiterkommst hilft dir der Text auf Seite 28.

Am Lenker hat es eine rote runde Klingel
und am Sattel eine schwarze Satteltasche
Der Rahmen ist gelb-grün gestreift
Die Gangschaltung hat 21 Gänge

Am Lenker hat es eine rote, runde Klingel und am Sattel eine schwarze Satteltasche. Der Rahmen ist gelb-grün gestreift. Die Gangschaltung hat 21 Gänge.

3 Jans Vater konnte sich die Beschreibung nicht genau merken. Streiche die falschen Wörter durch.

Der Rahmen war blau gelb grün rot lila gestreift.
Am Lenker hat es eine rote grüne blaue Klingel.
Das Rad hat 14 17 21 24 Gänge.
Die Luftpumpe ist grün rot gelb blau schwarz.

blau, rot, lila
grüne, blaue
14, 17, 24
rot, gelb, blau, schwarz

4 Lies die Wörter. Tipp: Zur Kontrolle kannst du die Wörter vor einen Handspiegel halten.

Gangschaltung	Fähnchen
Lenker	Gepäckträger
Speichenstrahler	Satteltasche

Gangschaltung, Fähnchen, Lenker, Gepäckträger, Speichenstrahler, Satteltasche

5 Hier hat sich ein Satz versteckt. Lies ihn laut vor.

BBBBMBBBBBBBBBiBBBBBBBBBBBBtBBBBBBBB
BBBBBBBBBBdBBBBBBBBBBBBBBBBeBBBBBBB
BBBBBBBBBmBBBBBRBBBBBaBBBBBBBBdBBBB
BbBBBBBBiBBBBnBBBBBBBBBBBBiBBBBBBBBcB
BBBBBBBBhBBBBBBBBBrBBBBBBBiBBBBcBBBBh
BBBBtBBBBBiBBBBBBBgBBBBBBBBBBBsBBBBBc
BBBBBhBBnBBBBBeBBBBBlBBlBBBBBBBBBBBBB

Mit dem Rad bin ich richtig schnell.

Pfiffikus

Hier kannst du zeigen, dass du ein Pfiffikus bist. Auf dieser Doppelseite kannst du den Stoff des ganzen Heftes noch einmal wiederholen.

1 Versuche den Text zu entschlüsseln. Die Übungen auf den vorangegangenen Seiten helfen dir.

AMMITTWOCHNACHMITTAGGEGEN 15.50UHR EREIGNETE sich ein Banküberfall mit schlimmen Folgen. Der Räuber betrat mit einer eksaM maskiert die eliliftknaB in der Marktstraße und bedrohte die nettletsegnA mit einer Pistole.

Wi___ sich nachher her___sstellte, handelte es sich lediglich um ei___e Wa___erpis___ole. Zu diesem Kunde befand sich Bank kein mehr in der Zeitpunkt. ~~Die Angestellten mussten dem Räuber eine Summe von 20 000 € übergeben. Der floh unerkannt und entwischte auf einem bereitgestellten Moped.~~

Wenn du Schwierigkeiten beim Lesen hast, schau einfach auf den vorderen Seiten im Heft nach.

ESWIRDNACHAUGENZEUGENGESUCHT! BITTEALLEHINWEISEANDIEHIESIGE POLIZEISTELLEWEITERGEBEN.

2 Suche im Text fünfsilbige Wörter und markiere die Silben mit senkrechten Strichen. Lies sie mehrmals.

Mitt-woch-nach-mit-tag,
Was-ser-pis-to-le,
be-reit-ge-stell-ten,
Po-li-zei-stel-le

3 Lies die einzelnen Satzstücke nacheinander durch. Versuche dabei immer schneller zu werden.

Zu diesem Zeitpunkt
Zu diesem Zeitpunkt befand
Zu diesem Zeitpunkt befand sich
Zu diesem Zeitpunkt befand sich kein
Zu diesem Zeitpunkt befand sich kein Kunde
Zu diesem Zeitpunkt befand sich kein Kunde dort.

4 Lies den Text noch einmal durch. Decke ihn dann ab. Kannst du die Fragen des Polizisten beantworten?

An welchem Tag ereignete sich der Überfall?

____

Um wie viel Uhr stürmte der Räuber die Bank?

____

Wie bedrohte er die Angestellten?

____

Wie viel Geld erbeutete er?

____

am Mittwoch
um 15.50 Uhr
mit einer Wasserpistole
20 000 €

5 Welcher Satz stimmt? Kreuze ihn an.

Die Angestellten mussten dem Räuber ein Geschenk von 20 000 € übergeben.

Die Angehörigen mussten dem Räuber eine Summe von 20 000 € übergeben.

Die Angestellten mussten dem Räuber eine Summe von 2 000 € übergeben.

Die Angestellten mussten dem Räuber eine Summe von 20 000 € übergeben.

Der letzte Satz stimmt.

Hier siehst du alle Bilder, die in den roten Dreiecken auf jeder Seite versteckt sind. Male das jeweilige Bild bunt an, wenn du mit einer Übungsseite fertig bist. So siehst du auch, wie fleißig du schon warst.